LA LÉGISLATION

DES

SOCIÉTÉS DE SECOURS MUTUELS

DEVANT LE PARLEMENT FRANÇAIS

PAR

Maurice BELLOM

INGÉNIEUR DES MINES

Extrait de la **Revue Politique et Parlementaire** (*Juillet* 1895)

PARIS

BUREAUX DE LA *REVUE POLITIQUE ET PARLEMENTAIRE*

110, RUE DE L'UNIVERSITÉ, 110

Sommaire du n° 1

I. NOTRE PROGRAMME, par M. **Marcel Fournier**.
II. LE REGIME PARLEMENTAIRE EN 1894, par M. **Jules Simon**, *de l'Académie française*.
III. LA REGLEMENTATION DES INTERPELLATIONS, par M. **Th. Ferneuil**.
IV. LE REGIME FISCAL DES MUTATIONS, par M. **J. Boudenoot**, *Député*.
V. LA LOI SUR LES BUREAUX DE PLACEMENT, par M. **Yves Guyot**, *ancien Ministre*.
VI. LA REFORME FISCALE EN PRUSSE, par M. **A. Raffalovich**.
VII. LES ACCIDENTS DU TRAVAIL, par M. **Maurice Bellom**, *Ingénieur des Mines*.
VIII. LA QUESTION DES CHEMINS DE FER DEVANT LE PARLEMENT ET DEVANT L'OPINION, par M. **Descubes**, *Député*.
IX. VARIETES : 1. LES EVOLUTIONS DE LA PROPRIÉTÉ FONCIÈRE ET LE SOCIALISME EN GRÈCE, par M. **A. Douarche**, *Conseiller à la Cour de Paris*.
2. L'INSTITUT DE DROIT INTERNATIONAL ET SA SESSION DE PARIS EN 1894, par M. **A. Weiss**, *Professeur à la Faculté de droit de Paris*.
X. LA VIE POLITIQUE ET PARLEMENTAIRE EN FRANCE, par M. **Félix Roussel**.
XI. LA VIE POLITIQUE ET PARLEMENTAIRE A L'ETRANGER :
1. SUISSE, par M. **N. Droz**, *ancien Président de la Confédération Suisse*.
2. ITALIE, par M. **N. Colajanni**, *Membre du Parlement Italien*.
XII. ETAT DES TRAVAUX PARLEMENTAIRES AU 1er JUIN 1894.
XIII. CHRONOLOGIE POLITIQUE FRANÇAISE ET ETRANGERE.

Sommaire du n° 3

I. LA POLICE ET L'AUTORITE MUNICIPALE, par M. **Maurice Block**, *Membre de l'Institut*.
II. LA PROPRIETE DES MINES ET LA PARTICIPATION AUX BENEFICES, par M. **Henri Blanc**, *Député*.
III. LE REGIME DES ALIENES DEVANT LE PARLEMENT, par M. **de Mouy**, *Maître des Requêtes au Conseil d'Etat*.
IV. LA LIGUE BIMETALLIQUE UNIVERSELLE, par M. **Claudius Cayla**, *Receveur particulier des Finances*.
V. LES INTERETS FRANÇAIS ET LES COMPETITIONS ANGLAISE ET ALLEMANDE A LA COTE OCCIDENTALE D'AFRIQUE, par M. **le Dr Rouire**.
VI. LA LOI POUR LA PROTECTION DE LA SANTE PUBLIQUE, par M. **Ch. Lucas**.
VII. VARIETES : 1. LE MOUVEMENT FÉMINISTE ET LES DROITS DE LA FEMME, par M. **Raoul de la Grasserie**, *Juge au Tribunal de Rennes*.
2. LA QUESTION CORÉENNE, par M. **Toru-Terao**, *Professeur de Droit à l'Université de Tokio*.
VIII. LA VIE POLITIQUE ET PARLEMENTAIRE A L'ETRANGER :
1. ANGLETERRE, par M. **Parker Smith**, *Membre du Parlement Anglais*.
2. PAYS-BAS, par M. **Macalester Loup**, *Rédacteur en chef du journal* Het Waterland.
IX. LA VIE POLITIQUE ET PARLMENTAIRE EN FRANCE, par M. **Félix Roussel**.
X. LOIS, DECRETS, ETAT DES TRAVAUX PARLEMENTAIRES.

Sommaire du n° 5

I. LA CODIFICATION EN FRANCE ET A L'ETRANGER, par M. **E. Glasson**, *Membre de l'Institut*.
II. LA REFORME PARLEMENTAIRE, par M. **A. Lebon**, *Député*.
III. LA QUESTION DES SUCRES, par M. **Charles-Roux**, *Député*.
IV. LA CONFERENCE INTERPARLEMENTAIRE DE LA HAYE, par M. **Dreyfus**, *ancien Député*.
V. LA QUESTION DES ACCIDENTS DU TRAVAIL ET LE CONGRES DE MILAN, par M. **Yves Guyot**, *ancien Ministre*.
VI. LES CONSEILS DU TRAVAIL, par M. **H. Depasse**.
VII. VARIETES : 1. LE MUSÉE SOCIAL, par M. **Marcel Fournier**.
2. LE JAPON MODERNE ET LA QUESTION CORÉENNE, par M. **Moyotosi-Sarjau**.
3. L'INCOME TAX AUX ETATS-UNIS, par M. **Shaw**.
VIII. LA VIE POLITIQUE ET PARLEMENTAIRE A L'ETRANGER :
1. ESPAGNE, par M. **S. S. Guerra**, *Membre du Parlement Espagnol*.
2. HONGRIE, par M. **le Dr A. S. Horn**.
IX. LA VIE POLITIQUE et PARLEMENTAIRE EN FRANCE, par M. **F. Roussel**.
X. CHRONOLOGIE POLITIQUE FRANÇAISE et ETRANGERE.

LA LÉGISLATION

DES

SOCIÉTÉS DE SECOURS MUTUELS

DEVANT LE PARLEMENT FRANÇAIS

LA LÉGISLATION

DES

SOCIÉTÉS DE SECOURS MUTUELS

DEVANT LE PARLEMENT FRANÇAIS

PAR

Maurice **BELLOM**

INGÉNIEUR DES MINES

Extrait de la **Revue Politique et Parlementaire** (*Juillet* 1895)

PARIS

BUREAUX DE LA *REVUE POLITIQUE ET PARLEMENTAIRE*

110, RUE DE L'UNIVERSITÉ, 110

LA LÉGISLATION
DES SOCIÉTÉS DE SECOURS MUTUELS
DEVANT LE PARLEMENT FRANÇAIS

Le projet de loi sur les sociétés de secours mutuels, qui est actuellement soumis à la Chambre des députés française, remonte à l'année 1881. Le 19 novembre 1881, la Chambre fut saisie par MM. Hippolyte Maze, Audiffred et plusieurs de leurs collègues, d'une proposition relative « aux Sociétés de secours mutuels considérées en elles-mêmes et dans leurs rapports avec la Caisse nationale des retraites pour la vieillesse ». Cette proposition fut suivie du dépôt, effectué le 18 mars 1882 par MM. René Goblet, ministre de l'Intérieur, et Léon Say, ministre des Finances, d'un projet de loi « sur les Sociétés de secours mutuels ». Une commission, dont M. Maze était le rapporteur, soumit à la Chambre le 25 novembre 1882 une proposition que cette assemblée vota le 12 novembre 1883 à la suite de deux délibérations et qui fut transmise au Sénat le 21 janvier 1884. Sur le rapport de M. Léon Say, le Sénat, après avoir fait subir diverses modifications au texte de la Chambre, l'adopta en deuxième lecture le 24 juin 1886. Le projet, de nouveau soumis à l'examen de la Chambre, fut amendé, puis voté par elle après deux délibérations le 14 juin 1889 (1). Ce dernier texte, transmis au Sénat le 20 février 1890, fit, de la part de M. Maze devenu sénateur, l'objet d'un rapport du 15 décembre 1890 (2). Le décès du rapporteur ajourna la discussion et donna lieu, à la suite de réserves formulées par l'Adminis-

(1) On trouvera les divers textes qui viennent d'être énumérés reproduits en annexes du rapport présenté par M. Maze au Sénat le 15 décembre 1890. (Doc. parl., n° 32, *J. O.*, p. 321.)

(2) Doc. parl., n° 32, *J. O.*, p. 321.

tration du ministère de l'Intérieur, à un nouvel examen par la commission sénatoriale et au dépôt d'un rapport supplémentaire présenté par M. Cuvinot le 3 juin 1892 (1). Le Sénat, après deux nouvelles délibérations, les 14 et 23 juin 1892 (2), vota un texte qui fut transmis à la Chambre le 12 novembre de la même année (3). Le rapporteur de la commission chargée de l'étude du projet, M. Audiffred, déposa le 23 mars 1893 un rapport (4) qui tendait à l'adoption pure et simple du texte voté par le Sénat. La fin de la législature n'ayant pas permis à la Chambre de discuter ce projet, M. Audiffred le reprit au début de la législature suivante, le 2 novembre 1893 (5). Renvoyé à la commission d'assurance et de prévoyance sociales, il fit, de la part de M. Audiffred, l'objet d'un nouveau rapport, daté du 22 novembre 1894 (6). C'est sur le texte commenté par ce rapport que la Chambre des députés aura à se prononcer.

Cet exposé historique n'a pas uniquement pour but de rappeler la série des travaux entrepris au sein du Parlement français en vue de l'élaboration d'une loi sur les sociétés de secours mutuels : il a en même temps pour objet de préciser les conditions dans lesquelles la question se trouve aujourd'hui posée devant la Chambre. La commission sénatoriale, dont les travaux s'étaient terminés par la rédaction du texte de 1892, avait tenu compte des vœux émis par le Congrès national de la Mutualité tenu à Paris en 1889 et des conclusions formulées par la commission extraparlementaire qu'un arrêté du ministre de l'Intérieur, du 20 mars 1889, avait constituée en vue « de procéder à un examen général de la comptabilité financière des sociétés de secours mutuels et d'étudier les moyens d'y faire apparaître la valeur de leurs engagements et des ressources correspondantes». La commission d'assurance et de prévoyance sociales de la Chambre vient, à son tour, de se livrer à une longue et consciencieuse étude de la question, et c'est seulement après avoir recueilli les renseignements les plus complets et les témoignages les plus autorisés qu'elle a clos la série de ses délibé-

(1) Doc. parl., n° 130, *J. O.*, p. 354.
(2) Déb. parl., *J. O.*, p. 569 et 639.
(3) Doc. parl., n° 2413, *J. O.*, p. 2274.
(4) Doc. parl., n° 2661, *J. O.*, p. 358.
(5) Doc. parl., n° 80, *J. O.*, p. 221.
(6) Doc. parl., n° 1010, *J. O.*, p. 167.

rations. Une démarche, dont il est impossible de méconnaître la portée, a été faite auprès de la commission par la Ligue nationale de la Prévoyance et de la Mutualité : le comité technique (1) de cette Ligue avait confié l'examen du projet du Sénat à une sous-commission qui comprenait MM. Arboux, Audiffred, Cheysson, Guieysse, Marie, Ricard, et dont les conclusions devaient être soumises à la commission de la Chambre ; la déposition, faite au nom du comité de la Ligue par M. Cheysson le 23 février 1894 a été, de la part de la commission parlementaire, l'objet d'un accueil trop favorable pour qu'il ne soit pas nécessaire d'en signaler les éléments à l'occasion des dispositions du projet de loi auxquelles ils se rapportent.

Le texte qui consacre les résultats des travaux de la commission de la Chambre ne modifie pas toutefois l'économie générale du projet voté par le Sénat ; c'est pourquoi il suffira, dans le présent article, sans revenir sur les propositions plus anciennes, d'analyser et de comparer les deux derniers textes, en examinant successivement les questions suivantes (2) :

1° Définition des sociétés de secours mutuels ; 2° Classification et organisation des sociétés de secours mutuels ; 3° Dispositions générales.

§ 1. — *Définition des sociétés de secours mutuels.*

Le projet du Sénat et le texte de la commission de la Cham-

(1) Le comité technique de la Ligue se compose de MM. Cheysson, inspecteur général des ponts et chaussées, président ; Waldeck-Rousseau, sénateur ; Audiffred, Guieysse, Ricard, députés ; Achard, Cohen, Fontaine, Marie, Oltramare, Reboul, actuaires ; Arboux, secrétaire général de la Ligue ; Bertillon, Chaufton, Gibon ; Maurice Bellom, secrétaire ; Soulier, secrétaire-adjoint.

(2) Bibliographie. — La bibliographie de la question des sociétés de secours mutuels est fort étendue. Nous nous bornerons à mentionner : *a*) A titre de publications périodiques, la *Revue de la prévoyance et de la mutualité*, bulletin mensuel de la Ligue nationale fondée par M. Hippolyte Maze, et les *Rapports annuels sur les opérations de sociétés de secours mutuels* publiés par le ministère de l'Intérieur ; — *b*) A titre de documents, la *Revue des institutions de prévoyance*, qui a cessé de paraître peu de temps après la mort de son directeur M. Hippolyte Maze, et le rapport rédigé par M. Léon Marie au nom de la *Commission de comptabilité statistique et financière des sociétés de secours mutuels* et précédé d'une introduction due à M. Audiffred (Melun, imprimerie administrative, 1893).

Législation étrangère. — Le régime légal de la mutualité présente d'un pays à l'autre des différences trop marquées pour qu'il soit possible d'établir une comparaison instructive de l'ensemble des législations étrangères relatives à la matière : il nous paraît préférable de citer, à l'occasion des dispositions projetées en France, les mesures correspondantes appliquées à l'étranger.

bre ne définissent pas dans les mêmes termes les sociétés de secours mutuels. Le premier réserve la qualité de « sociétés de secours mutuels » aux associations qui ont pour objet d'assurer à leurs membres des secours en cas de maladies, de blessures ou d'infirmités, et il autorise ces associations à constituer des pensions de retraites, à contracter des assurances individuelles ou collectives en cas de décès ou d'accidents, à pourvoir aux frais des funérailles et à allouer des secours aux ascendants, aux veufs, veuves ou orphelins de membres participants décédés. Ces dispositions suppriment l'interdiction de s'occuper de retraites, que le décret du 26 mars 1852 avait formulée à l'encontre des sociétés de secours mutuels; mais, comme le décret du 26 avril 1856, elles font du service des secours la condition essentielle du service des retraites. Or, il existe actuellement une trentaine de sociétés approuvées comme sociétés de secours mutuels, — dont quelques-unes comptent plusieurs milliers de membres — qui s'occupent exclusivement de retraites. De plus, il serait contraire aux règles de la technique des assurances de prescrire la juxtaposition de branches d'assurances qui comportent une organisation distincte, l'assurance contre la maladie exigeant, pour prévenir les abus de la simulation, l'adoption de ressorts de faible étendue qui ne fourniraient point une base suffisamment large à l'institution de l'assurance contre l'invalidité et la vieillesse. D'autre part, il n'est pas inutile d'affirmer, dès le premier article de la loi, le caractère d'institutions de prévoyance qui doit appartenir aux sociétés mutuelles : l'expression « association de prévoyance », répond à ce désidératum et, sans méconnaître le rôle essentiel de la fraternité et de la solidarité, elle rappelle, suivant la formule de la notice explicative des statuts-modèles publiés par le ministère belge de l'Agriculture, de l'Industrie et des Travaux publics, que « la prévoyance, et non la bienfaisance, doit être la base de l'œuvre de la Mutualité».

Ces observations, sur lesquelles le comité technique de la Ligue de la Mutualité avait appelé l'attention de la commission de la Chambre, ont été consacrées, dans les termes mêmes du projet de ce comité, par le texte de la commission qui a défini les sociétés de secours mutuels : « des associations de prévoyance qui se proposent d'atteindre un ou plusieurs des buts » énumérés dans le projet de loi. En reproduisant à cet égard l'énumération comprise dans le texte du Sénat, la commission a tenu à ne pas subordonner les unes aux autres les fonctions attribuées aux sociétés de secours mutuels : elle a, de plus, jugé intéressant de les autoriser à créer ou à gérer, à titre accessoire, des offices gratuits de placement au profit de leurs membres. Cette addition a le double avantage de consacrer une pratique existante et de répandre les idées de prévoyance dans des milieux que préoccupe avant tout la question du chômage.

Les conditions précédemment exposées, qui définissent le but que doit poursuivre une société pour mériter le titre de société de secours mutuels, sont nécessaires; mais elles ne sont pas suffisantes. Par une addition au projet du Sénat, la commission de la Chambre a exigé que ces institutions fussent fidèles au principe en vertu duquel la cotisation ou la prime, payable par chaque assuré pour chaque genre d'assurance, doit être proportionnelle à la probabilité du sinistre et à l'importance de l'indemnité : à cet effet, elle a déclaré que les sociétés de secours mutuels sont tenues de garantir à tous leurs membres participants les mêmes avantages sans distinction autre que celle qui résulte des cotisations fournies et des risques apportés; et elle a refusé le titre de sociétés de secours mutuels aux associations qui, tout en organisant un ou plusieurs des services prévus par ces sociétés, créent au profit de telle ou telle catégorie de leurs membres des avantages particuliers. Elle a cherché, de la sorte, à éviter le retour d'abus constatés dans des sociétés qui ont pu attribuer à leurs fondateurs une situation privilégiée au détriment des adhérents postérieurs.

En signalant ce danger, le comité de la Ligue de la Mutualité avait proposé de garantir les sociétés de secours mutuels contre toute confusion avec des sociétés n'ayant d'autre objet que la spéculation. Après avoir rappelé l'exemple de la Caisse nationale d'assurance contre les accidents, celui de la Caisse d'épargne postale et celui de la Caisse nationale des retraites pour la vieillesse, qui ne peuvent admettre les versements supérieurs à un maximum fixé par la loi, le comité proposait de dénier le caractère de sociétés de secours mutuels aux sociétés qui serviraient des indemnités supérieures à 6 francs par jour, des pensions de retraite supérieures à 600 francs par an et qui garantiraient en cas de décès des capitaux supérieurs à 6.000 francs. Il insistait sur la nécessité d'éviter que des sociétés de spéculation échappent à la législation qui doit les régir et participent aux avantages des sociétés de secours mutuels dont elles n'ont pas à supporter les charges; il comptait sur le caractère onéreux de l'assurance populaire, dont les faibles cotisations ne sont recouvrées qu'au prix de dépenses élevées, pour prévenir les abus à redouter au-dessous des limites dont il proposait la fixation.

Cette disposition ne se retrouve point dans le projet de la commission de la Chambre qui, après avoir abaissé les limites précitées, a cru devoir se borner à refuser les subventions de l'État et la remise des droits d'enregistrement et des frais de justice aux sociétés de secours mutuels approuvées qui accordent des indemnités supérieures à 5 francs par jour, des allocations annuelles ou des pensions supérieures à 360 francs, et des capitaux en cas de vie ou de décès supérieurs à 3.000 francs.

La réduction de ces limites s'explique parce que la mesure adoptée par la commission vise, à la différence de la proposition de la Ligue de la mutualité, de véritables sociétés de secours mutuels qui peuvent, en raison de l'importance de leurs ressources, se passer de certains privilèges du régime de la mutualité. Le comité de la Ligue, sans méconnaître l'intérêt d'une telle mesure, a du moins, dans sa séance du 23 mars 1895, partagé les craintes exprimées par son président au sujet de l'insertion pure et simple, dans la loi, de la disposition admise par la commission. Il l'a considérée comme constituant la reconnaissance d'un droit légal au titre de sociétés de secours mutuels, pour des sociétés qui ne jouissent actuellement que d'une existence de fait : il a donc proposé de nouveau d'exclure de la mutualité les sociétés d'un caractère commercial qui accordent à leurs membres des avantages supérieurs à des maxima déterminés. Il a toutefois chercher à concilier l'application de ce principe avec le maintien, au sein de la mutualité, des véritables sociétés mutuelles que vise la proposition de la commission parlementaire: il suffirait, pour cela, d'élever les limites d'exclusion au double de celles que la commission avait fixées pour le refus des faveurs de la loi, et d'établir, dans la catégorie des sociétés de secours mutuels approuvées, deux classes distinguées par le taux des avantages accordés à leurs membres : les chiffres caractéristiques de ce taux seraient précisément ceux que la commission parlementaire avait adoptés, et les sociétés approuvées, pourvues des ressources les moins importantes, jouiraient seules de l'intégralité du régime dont le législateur aurait doté la mutualité. Dans la pensée du comité de la Ligue, « la loi appliquerait ainsi un traitement équitable et rationnel aux diverses sociétés en présence, en graduant ses faveurs d'après les ressources des sociétés qui ont le droit de se réclamer de la mutualité, mais en renvoyant au régime du droit commun celles qui n'ont en réalité qu'un but commercial (1). »

§ 2. — *Classification et organisation des sociétés de secours mutuels.*

Le projet de la commission de la Chambre, comme celui du Sénat, répartit les sociétés de secours mutuels en trois groupes :

Les sociétés libres, qui se forment sans l'autorisation de l'administration;

Les sociétés approuvées;

Les sociétés reconnues comme établissements d'utilité publique.

Le régime légal attribué à chacun de ces groupes est différent, mais il comporte l'application de dispositions et l'octroi d'avantages communs à toutes les sociétés.

Ces avantages, dont le bénéfice est accordé à toutes les sociétés sans distinction, sont les suivants :

a. Droit d'avoir des membres honoraires devant jouir, d'après la commission de la Chambre, des mêmes avantages que les membres participants, à la suite de revers de fortune;

b. Faculté accordée aux femmes mariées de faire partie de sociétés de secours mutuels — et même, d'après le texte de la commission de la Chambre, d'en créer — sans l'autorisation de leurs maris; aux mineurs, sans l'autorisation de leurs représentants légaux;

c. Suppression des droits de timbre et d'enregistrement pour les pouvoirs de représenter les sociétaires aux assemblées générales;

d. Simplification et gratuité de la procédure pour les contes-

(1) Voir le procès-verbal de la séance du 23 mars 1895 du comité technique de la Ligue de la Mutualité. (*Revue de la Prévoyance de la Mutualité*, t. IV, p. 277.)

tations relatives aux élections et pour le jugement d'homologation de la liquidation;

e. Autorisation de contracter, près de la Caisse des dépôts et consignations, des assurances, soit en cas de décès, soit en cas d'accidents, ces assurances collectives pouvant être cumulées avec des assurances individuelles;

f. Autorisation de constituer des « accords » suivant le Sénat, des « unions » suivant la commission de la Chambre, afin d'organiser en faveur des membres participants les soins et les secours, d'admettre les membres participants qui ont changé de résidence (1), de régler leurs pensions viagères de retraites, d'organiser des assurances mutuelles pour les risques auxquels les sociétés sont tenues de pourvoir et notamment, selon le vœu formulé par la Ligue de la Mutualité, de créer des caisses de retraites et d'assurances communes à plusieurs sociétés pour les opérations à long terme et les maladies de longue durée, enfin de pourvoir, suivant la proposition de la commission de la Chambre, au service des placements gratuits;

g. Déclaration d'incessibilité et d'insaisissabilité des pensions alimentaires jusqu'à concurrence de 360 francs et, suivant le complément voté par la commission de la Chambre sur la demande de la Ligue de la Mutualité, des capitaux inférieurs au maximum de 3.000 francs fixé par la loi du 11 juillet 1868 (2);

h. Droit d'ester en justice et d'être admises au bénéfice de l'assistance judiciaire, de faire des actes de simple administration, de posséder des objets mobiliers et de prendre des immeubles à bail, pour l'installation de leurs divers services, de recevoir des dons et legs mobiliers avec l'autorisation du préfet.

En énumérant les règles et les conditions qui doivent être

(1) Le Sénat n'avait visé que le déplacement sans esprit de retour : le comité de la Ligue de la Mutualité avait signalé la difficulté, pour les membres qui sont obligés à changer de domicile, de trouver une société qui consente à les admettre en raison de leur âge et de l'aggravation des risques qu'ils apportent; et il avait, en outre, demandé que la loi indiquât, au nombre des objets poursuivis par les unions de sociétés, la définition de la mesure dans laquelle il pourrait être tenu compte à ces membres des droits acquis par eux avant leur départ. Le texte voté par la commission de la Chambre n'a admis que le premier de ces deux desiderata.

(2) Le comité de la Ligue de la Mutualité avait proposé une limite de 3.600 francs en admettant le rapport du décuple entre les capitaux et les rentes, ce qui correspond au cas d'un versement destiné à constituer à capital aliéné et au taux de 3 1/2 0/0 une rente à l'âge de 60 ans environ : il comptait sur la refonte de la loi de 1868 pour la modification de la limite de 3.000 francs fixée par cette loi.

insérées dans les statuts de toutes les sociétés, le projet de loi vise spécialement celles qui font à la fois un service de secours et de retraites. Il s'est proposé, suivant l'observation de M. Cuvinot, d'une part, d'attribuer à chaque nature de dépenses une fraction des cotisations déterminée par le contrat même de la société, d'autre part, d'éviter que les cotisations des sociétaires nomades ne soient absorbées pour une notable portion dans un fonds commun dont ils ne profiteraient jamais. De là l'obligation, imposée aux sociétés susvisées par le projet du Sénat et par celui de la commission de la Chambre, de fixer dans leurs statuts les prélèvements à opérer sur les cotisations pour le service spécial des retraites ; de là aussi l'indication, contenue dans les mêmes textes, du mode de constitution des retraites par livrets individuels ouverts au nom des sociétaires, à côté de la mention de l'ancien mode de constitution au moyen d'un fonds commun (1).

Le projet règle également la dissolution des sociétés de secours mutuels en général : cette dissolution peut être, soit forcée, soit volontaire. La dissolution forcée est prononcée par les tribunaux contre les sociétés qui sont détournées de leur but et qui, trois mois après un avertissement donné par le préfet, persistent à ne pas se conformer à la loi ou à leurs statuts ; le jugement qui provoque la dissolution désigne un administrateur chargé de procéder à la liquidation définitive. La dissolution volontaire ne peut être prononcée que dans une assemblée convoquée à cet effet et par un vote réunissant la majorité des deux tiers des membres présents et la majorité des membres inscrits ; la liquidation s'effectue conformément aux statuts : elle est homologuée sans frais par le tribunal à la requête du procureur de la République.

Sous réserve des dispositions communes qui viennent d'être rappelées, les sociétés de secours mutuels doivent être régies par des mesures spéciales suivant le groupe auquel elles appartiennent.

A. — Sociétés libres. — La seule obligation, imposée aux sociétés libres pour se constituer, est le dépôt, en double exemplaire,

(1) Le comité de la Ligue de la Mutualité avait demandé d'ajouter au principe de la spécialité des prélèvements sur la cotisation unique, le principe de la spécialité des cotisations au profit des diverses branches de service dans une même société.

à la sous-préfecture ou à la préfecture, de leurs statuts et de la liste des personnes chargées de l'administration et de la direction. Elles doivent, en outre, présenter chaque année au ministre de l'Intérieur des états statistiques sur l'effectif et sur les maladies de leurs membres ; mais, suivant le vœu de la Ligue de la Mutualité admis par la commission de la Chambre, elles ne sauraient être astreintes à produire l'état de leur situation financière sur lequel le contrôle de l'Etat ne comporterait aucune sanction. Les sociétés libres jouissent des avantages communs à toutes les sociétés, mais elles ne peuvent recevoir des dons et legs immobiliers ni acquérir des immeubles, sauf l'immeuble exclusivement affecté à leurs services ; elles ne sont pas admises au bénéfice des subventions de l'Etat.

B. — Sociétés approuvées. — La commission de la Chambre, précisant l'idée émise par le Sénat, a spécifié que, pour obtenir l'approbation par décret, il suffit aux sociétés de démontrer qu'elles fonctionnent avec toute la sécurité de sociétés d'assurance convenablement organisées : elle a donc stipulé qu'en dehors du cas de non-conformité des statuts avec les prescriptions de la loi, l'approbation ne pourrait être refusée que « si les « statuts ne prévoient pas des recettes proportionnelles aux « dépenses soit pour les secours en cas de maladie, soit pour la « constitution des retraites ou des assurances en cas de vie, de « décès ou d'accidents, soit pour les autres dépenses énumérées « à l'article premier » du projet de loi. Ces exigences, d'un caractère essentiellement technique, ne sont qu'une application du principe de l'exacte péréquation entre les engagements et les ressources, principe qui, posé par la commission de comptabilité des sociétés de secours mutuels, constitue, suivant l'expression de M. Audiffred, « la clé de voûte de la législation nouvelle ». Les législations étrangères se sont d'ailleurs inspirées de préoccupations identiques : la loi allemande du 15 juin 1883 sur l'assurance contre la maladie (1), la loi autrichienne du 30 mars 1888 sur le même sujet (2), le décret portugais du 28 février 1891 relatif à l'organisation des associations de secours mutuels (3)

(1) Maurice Bellom. *Les lois d'assurance ouvrière à l'étranger*, livre I, p. 309.
(2) *Ibid*, p. 412.
(3) Léon Marie. Rapport fait au nom de la commission de comptabilité des sociétés de secours mutuels, p. 223.

reposent sur le même principe qui se trouve énoncé avec une égale précision dans la loi anglaise du 11 août 1875 sur les sociétés amicales (1) et dans la loi autrichienne du 16 juin 1892 sur les caisses de secours enregistrées (2) : l'exposé des motifs du projet de loi présenté le 17 mai 1890 par le Gouvernement belge à la Chambre des représentants — projet qui est devenu la loi du 23 juin 1894 sur les sociétés mutualistes (3) — signale « qu'on n'évite les mécomptes qu'en pesant exactement le risque pour y proportionner la prime à payer ».

Les mesures édictées par le projet ne revêtent, du reste, aucun caractère de rigueur ; elles n'entravent nullement la liberté des contrats dont elles ont pour unique objet d'assurer l'exécution. L'approbation est, en effet, de droit lorsque les justifications exigées par la loi sont produites par les demandeurs : les intérêts de ceux-ci sont, d'ailleurs, sauvegardés par le recours sans frais qui leur est ouvert devant le Conseil d'Etat contre les décisions de l'Administration.

Les sociétés approuvées jouissent de la personnalité civile, — du droit de recevoir, sous réserve de l'autorisation du Conseil d'Etat, des dons et des legs immobiliers, — de la prestation, faite par les communes, des locaux nécessaires à leurs réunions, et, d'après le vœu de la Ligue de la Mutualité et la décision de la commission de la Chambre, des livres et registres de comptabilité, — d'une remise des deux tiers sur les taxes municipales des convois dont la charge peut leur être imposée par les statuts, — de l'exemption des droits de timbre et d'enregistrement et, d'après le texte de la commission de la Chambre, des quittances trimestrielles données par les titulaires de pensions de 100 francs au plus, pour tous actes autres que transmission de propriété, d'usufruit ou de jouissance de biens, meubles ou immeubles, soit entre vifs, soit par décès.

Ces sociétés doivent, en retour, présenter annuellement au ministre de l'Intérieur, indépendamment de la statistique exigée des sociétés libres, le compte rendu de leur situation morale et financière.

(1) Léon Marie, *loc. cit.*, p. 200.
(2) Maurice Bellom. *Bulletin du Comité permanent des accidents du travail et des assurances sociales*, t. IV, p. 108.
(3) *Revue de la Prévoyance et de la Mutualité*, t. III, p. 506.

La législation projetée consacrera, par rapport à la législation actuelle, d'importantes réformes au point de vue du placement des fonds des sociétés de secours mutuels approuvées.

Sous le régime des décrets de 1852 et de 1856, les fonds des sociétés de secours mutuels doivent être versés à la Caisse des dépôts et consignations, où ils subissent les réductions du taux de l'intérêt sans profiter de l'augmentation du capital qui compense normalement la diminution du revenu. Ce régime a provoqué les justes réclamations des mutualistes, et le texte du Sénat, comme celui de la Chambre, leur donne satisfaction en se bornant à disposer que les placements des sociétés de secours mutuels doivent être effectués en dépôts aux Caisses d'épargne, à la Caisse des dépôts et consignations, en rentes sur l'Etat, bons du Trésor ou autres valeurs créées ou garanties par le Trésor, en obligations des départements ou des communes, du Crédit foncier de France ou des Compagnies françaises de chemins de fer qui ont une garantie d'intérêts de l'Etat, et en autorisant les sociétés à constituer leur avoir en titres déposés à la Caisse des dépôts qui en inscrira les arrérages au compte de dépôt de chaque société. L'obligation du dépôt à la Caisse des dépôts et consignations a d'ailleurs été limitée par la commission de la Chambre aux titres au porteur, seuls sujets à être soustraits par des administrateurs infidèles.

La commission de la Chambre a ajouté à cette réforme une autre innovation consistant dans la faculté, accordée aux sociétés de secours mutuels et à leurs unions, d'acquérir, après autorisation donnée par décret en Conseil d'Etat, les immeubles nécessaires soit à leurs services d'administration soit à leurs services d'hospitalisation : cette mesure, dont l'application est entourée desgaranties nécessaires, témoigne des dispositions libérales de la commission à l'égard des sociétés capables de supporter des charges considérables (1).

L'organisation des retraites est la question la plus délicate du projet.

(1) Dans sa déposition devant la commission de la Chambre, M. Cheysson, après avoir, au nom de la Ligue de la Mutualité, rendu hommage aux réformes introduites par la commission, a ajouté, en son nom personnel, qu'il considérait ces réformes comme un acheminement vers la faculté, donnée aux sociétés approuvées comme aux compagnies d'assurance, de placer une partie de leur fortune en immeubles sous un contrôle local qui pourrait être réalisé à l'aide de Caisses régionales de prévoyance et de Comités locaux de patronage.

Le texte voté par la Chambre en 1889 disposait que les sociétés de secours mutuels approuvées seraient admises à verser des capitaux à la Caisse des dépôts et consignations :

1° En un compte courant disponible, ce compte portant intérêt au profit des sociétés à un taux égal au taux du compte des Caisses d'épargne;

2° En un compte spécialement affecté, pour toute la durée de la société, à la formation ou à l'accroissement d'un fonds de retraite servant à faire constituer des pensions de retraites immédiates, par la Caisse nationale des retraites, à un âge déterminé par les statuts; ce compte spécial porterait intérêt à un taux égal au taux de capitalisation servant à établir les pensions de la Caisse nationale des retraites et, dans le cas où il existerait des taux différents, au taux le plus avantageux pour les sociétés: les intérêts du dit compte seraient capitalisés tous les ans.

Ce texte consacrait, d'une part, le principe de la variation du taux de l'intérêt et prévoyait, d'autre part, l'application de deux taux distincts aux deux comptes que les sociétés approuvées étaient admises à se faire ouvrir à la Caisse des dépôts et consignations.

Le rapport, présenté au Sénat par M. Maze le 15 décembre 1890, tout en déclarant nécessaire, au nom des intérêts du Trésor, de renoncer à la fixité du taux de l'intérêt, considérait comme excessif de servir purement et simplement le taux des Caisses d'épargne, et, en raison des différences d'ordre moral et social qui distinguent les sociétés de secours mutuels des institutions appelées à recueillir et à faire fructifier l'épargne individuelle, il proposait d'appliquer aux deux comptes précités le taux de la Caisse nationale des retraites, fixé chaque année par décret en vertu de l'article 12 de la loi du 20 juillet 1886, mais moins exposé, dans la pensée du rapporteur, aux variations rapides dont est affecté le taux des Caisses d'épargne.

Le texte, adopté par le Sénat en 1892 sur le rapport de M. Cuvinot, reproduisait les dispositions votées par la Chambre, en supprimant toutefois pour le compte spécial l'hypothèse des taux multiples, qui pouvait ne jamais se réaliser et qui, du reste, ne correspondait pas à la réalité présente, la loi du 20 juillet 1886 ne prévoyant pour la Caisse nationale des retraites qu'un seul taux d'intérêt.

La commission de la Chambre, conformément au vœu émis par la Ligue de la Mutualité, a proposé d'adopter, pour les deux comptes ci-dessus définis, un taux d'intérêt unique, égal à celui des tarifs de la Caisse nationale des retraites, afin d'éviter que les sociétés ne soient tentées de verser à l'un des comptes les capitaux destinés à l'autre en vue de profiter de la différence entre le taux des Caisses d'épargne et celui de la Caisse nationale des retraites.

Le projet voté par la Chambre en 1889 disposait que le fonds de retraite avait pour objet de faire constituer par la Caisse nationale des retraites des rentes viagères immédiates à capital réservé : lorsque le capital affecté au service d'une pension viagère constituée à capital réservé serait rendu libre par la mort du titulaire, il ferait retour au fonds de retraite de la société intéressée, à dater du jour de la notification de l'acte de décès. Dans son rapport au Sénat en 1890, M. Maze, reprenant une disposition votée par cette Assemblée en 1886, proposait d'autoriser les sociétés approuvées à faire constituer au profit de leurs membres des pensions sur la Caisse nationale des retraites, tant à capital aliéné qu'à capital réservé : il rappelait les arguments présentés dans ce sens à la tribune de la Chambre par plusieurs députés et notamment par M. Louis Ricard, les travaux publiés sur la matière par des actuaires et des économistes (1) et le rapport de M. Léon Say au Sénat, en 1885, qui déclarait « qu'il convient de laisser sur ce point une liberté complète aux sociétés : les unes préféreront les pensions à capital réservé, les autres les pensions à capital aliéné : dans un cas, c'est l'intérêt social auquel on donne le pas sur l'intérêt des sociétaires ; ce sera le contraire dans l'autre cas » ; enfin il rappelait que la loi du 20 juillet 1886 sur la Caisse nationale des retraites a posé en principe, dans son article 3, que les versements « peuvent être faits soit à capital aliéné soit à capital réservé ». M. Cuvinot, dans son rapport de 1892, a présenté les mêmes considérations qui ont été admises par le Sénat.

Le système du fonds de retraite ou fonds commun n'est pas le seul que prévoie le projet du Sénat : ce projet organise aussi

(1) *Revue des Institutions de prévoyance* : articles de MM. Prosper de Lafitte et Actuarius; *Essai d'une théorie rationnelle des Sociétés de secours mutuels*, par M. Prosper de Lafitte.

le système du livret individuel. La commission de la Chambre, à l'exemple du Sénat, n'a pas cru pouvoir imposer, en dépit des avantages qu'il comporte, le régime du livret individuel. M. Cuvinot, d'une part, et M. Audiffred, d'autre part, ont exprimé l'idée qu'il fallait laisser au temps et à l'expérience le soin d'amener l'abandon du fonds commun. C'est dans cet esprit que la commission de la Chambre, s'inspirant directement des propositions de la Ligue de la Mutualité, a organisé sous une forme détaillée le régime du livret individuel à côté de celui du fonds commun.

Pour définir le régime du fonds commun, la commission est partie de ce principe que les sommes, actuellement possédées à la Caisse des dépôts et consignations par les sociétés approuvées, proviennent, les unes, des cotisations des membres honoraires, des dons et des legs, ainsi que des subventions de l'Etat, les autres, des cotisations des membres participants. En raison même de leur origine, celles-ci appartiennent seules aux membres actuels qui ne peuvent prétendre qu'à l'usufruit de celles-là : en d'autres termes, tandis que les premières doivent être inaliénables, les secondes doivent être affectées à l'exécution du contrat de rente viagère. Cette distinction, fort nette en théorie, est malaisée en pratique, et n'est guère réalisable que pour l'avenir. La commission a donc jugé nécessaire, en posant le principe de l'inaliénabilité du fonds commun, de distinguer le cas du fonds commun existant au jour de la promulgation de la loi et le cas du fonds commun susceptible d'exister dans l'avenir :

a. Le fonds commun existant au jour de la promulgation de la loi ne pourrait être supprimé : ce fonds, comprenant les capitaux qui constituent l'avoir disponible des sociétés et les fonds de retraite non employés, serait transformé en obligations de la Caisse des dépôts et consignations, lesquelles porteraient un intérêt égal à l'intérêt moyen actuel des valeurs constituant le portefeuille de cette caisse ; ces obligations appartiendraient à chaque société en proportion de sa part dans l'actif total, et les sociétés seraient ainsi admises à participer aux bénéfices réalisés par la Caisse des dépôts et consignations. La commission de la Chambre a d'ailleurs prévu que, lors de la promulgation de la loi, certaines sociétés possédant un fonds commun ne voudraient pas solliciter l'approbation ou la demanderaient dans des conditions inadmissibles, et que ces mêmes sociétés pourraient l'obtenir ultérieurement après avoir modifié leurs intentions ou leurs propositions; elle a donc tenu à assurer, pendant cette période transitoire, la conservation du fonds commun qui, loin d'être la propriété des sociétaires, constitue le résultat de l'épargne des générations antérieures, des dons et des subventions de l'État. A cet effet, la commission a prescrit que ce fonds serait placé en valeurs nominatives et que les titres seraient déposés à la Caisse des dépôts et consignations.

b. Pour l'avenir, les statuts de chaque société devraient déterminer si la société entend user de la faculté de constituer un fonds commun et dans quelles conditions ; ils devraient, en outre, régler les moyens d'alimenter le fonds commun, qu'il s'agisse d'un fonds conservé ou d'un fonds à créer.

La situation du fonds commun ainsi défini, le projet spécifie que les pensions de retraites peuvent être constituées suivant deux modes : soit à l'aide du fonds commun, soit sur livret individuel.

A. *Constitution des pensions à l'aide du fonds commun.* — Les arrérages du fonds commun peuvent être employés de deux manières : soit en pensions de retraites garanties, soit en allocations annuelles. Dans la première hypothèse, il s'agit d'allocations viagères fixes, dont la quotité est déterminée d'avance par les statuts ; dans la seconde, il s'agit d'allocations annuelles variables dont le montant doit être fixé chaque année par l'Assemblée générale d'après les ressources de la société et les besoins des pensionnaires. Dans ces deux hypothèses, le projet de loi impose au bénéficiaire l'obligation d'être âgé de plus de 50 ans et d'avoir acquitté la cotisation sociale pendant quinze années au moins, laissant aux statuts le soin de déterminer les autres conditions à remplir.

Le système des allocations annuelles est le seul qui convienne aux sociétés qui n'ont pas l'assurance de pouvoir tenir des promesses fermes, c'est-à-dire aux sociétés qui n'ont pas constitué des ressources spéciales à l'aide de cotisations prélevées sur les sociétaires en vue de remplir leurs engagements. Cette nécessité du prélèvement d'une cotisation spéciale avait été signalée par M. Cheysson (1) et par M. Maze (2). Elle avait été consacrée par le rapport de la commission de comptabilité des sociétés de secours mutuels dans l'une de ses conclusions formulée comme suit : « Le montant des retraites se trouve nécessairement déterminé par l'importance des cotisations spéciales destinées à leur constitution. » A cette conclusion la commission avait, du reste, ajouté la suivante : « Les sociétés, surtout celles dont les ressources sont peu considérables, ne doivent jamais oublier que, pour une même cotisation, le chiffre de la rente s'élève très vite avec la durée du stage et l'âge d'entrée en jouissance. » Elle s'appuyait, à cet égard, sur le tableau que M. Léon Marie a présenté dans son rapport d'après le tarif de la Caisse nationale des retraites, en le complétant, pour les âges qui ne figurent point dans ce tarif, avec la table C. R. et le taux de 3,50 0/0; d'après ce tableau, une cotisation annuelle de 10 francs produit, à capital aliéné, les rentes ci-dessous :

AGE de la RETRAITE	DURÉE DU SOCIÉTARIAT							
	15 ans	20 ans	25 ans	30 ans	35 ans	40 ans	45 ans	50 ans
	fr.	fr.	fr.	fr.	fr.	fr.	fr.	fr.
45 ans....	14.52	21.48	30.08	»	»	»	»	»
50 — ...	16 36	24.26	34.00	46.04	»	»	»	»
55 — ...	19.02	28 33	39.84	54.04	71.59	»	»	»
60 — ...	22.95	34.48	48.80	66.49	88.32	115.31	»	»
65 — ...	29.16	44.45	63.58	87.32	116.66	152.85	197.60	»
70 — ...	»	62.22	90.53	125.94	169.91	224.24	291.27	374.14

Ce tableau prouve donc que, dans une société où les membres participants paient une cotisation de 10 francs par an, la rente acquise à l'âge de 50 ans par un membre ayant quinze ans de sociétariat sera de 16 fr.36, et que cette rente atteindra 291 fr.27 au bout de quarante-cinq ans de sociétariat à l'âge de 70 ans.

Les conditions d'âge et de stage ne doivent donc pas être inférieures à un minimum suffisamment élevé pour que la retraite soit appréciable, et la valeur précise des chiffres qui définissent ces conditions est un élément des retraites qui échappe à la

(1) *L'Imprévoyance dans les institutions de prévoyance.*
(2) *Discours à la séance de clôture du troisième Congrès national des Sociétés de secours mutuels.*

compétence d'une assemblée et que peuvent seuls déterminer les statuts.

En imposant cette double obligation aux sociétés de secours mutuels, la commission de la Chambre a tenu à respecter leur liberté d'action, et elle a prévu le service de pensions garanties constituées sur le fonds commun. Elle a du moins réglementé ce service en s'inspirant des leçons de l'expérience et de l'exemple des législations étrangères. Tout d'abord, elle a spécifié que les pensions formées à l'aide du fonds commun seraient constituées à capital réservé au profit de la société, en raison du caractère inaliénable de ce fonds : les pensions ainsi constituées seraient servies, soit directement par la société à l'aide des intérêts de ce fonds, soit par l'intermédiaire de la Caisse nationale des retraites. De plus, les sociétés qui constitueraient des pensions sur le fonds commun devraient présenter au ministre de l'Intérieur, tous les cinq ans au moins, la situation de leurs engagements éventuels ou liquides et des ressources correspondantes, et modifier éventuellement les dispositions de leurs statuts : une vérification quinquennale des ressources et des charges est exigée de même par l'article 14 de la loi anglaise du 11 août 1875 et par l'article 22 de la loi autrichienne du 16 juillet 1892 ; l'article 38 du décret portugais du 28 février 1891 confère, d'autre part, au Ministre, le droit de charger, quand des circonstances spéciales l'exigent, une personne compétente de la mission d'examiner la comptabilité et tous autres documents des sociétés de secours mutuels.

B. *Constitution des pensions sur livret individuel.* — Aux termes du projet, les pensions peuvent être constituées sur livret individuel, soit à l'aide de la Caisse nationale des retraites, soit à l'aide d'une caisse autonome.

Dans l'un et l'autre cas, les pensions sont formées au moyen de versements effectués sur un livret appartenant en toute propriété à son titulaire. Ces versements ont une double origine : d'une part, ils proviennent de la somme déboursée par le sociétaire, soit à la suite du versement, qu'il opère, d'une cotisation spéciale en vue de la retraite, soit à la suite du prélèvement, qui est effectué dans ce but en vertu des statuts, sur la cotisation unique acquittée par lui ; d'autre part, ils résultent des sommes versées par la société, lesquelles se composent d'arrérages du fonds commun répartis entre tous les membres et des autres ressources dont les statuts autorisent l'affectation à cet emploi. La portion du versement, effectuée par le sociétaire, peut être, au gré de celui-ci, opérée soit à capital aliéné, soit à capital réservé au profit de ses ayants droit ; la portion du versement, effectuée par la société, est, au gré des statuts, à capital aliéné ou à capital réservé au profit de la société.

C'est auprès de la Caisse nationale des retraites que la constitution des pensions sur livret individuel aura lieu, du moins à l'origine, dans le plus grand nombre de cas. Le projet en autorise toutefois la constitution à l'aide de caisses autonomes qui pourraient être les sociétés elles-mêmes ou des unions de sociétés. Il indique les garanties que les caisses autonomes devront fournir : elles rempliront les conditions exigées par un règlement d'administration publique, emploieront leurs fonds en rentes sur l'Etat, en valeurs du Trésor ou garanties par le Trésor, en obligations départementales ou communales et soumettront leur gestion à la vérification de l'inspection des finances et au contrôle du receveur particulier de l'arrondissement du siège de la caisse.

Le projet ajoute que les caisses autonomes pourront réaliser l'assurance en cas de vie, de décès ou d'accident.

Le projet du Sénat et celui de la commission de la Chambre ne suppriment pas les allocations que l'Etat accorde aux sociétés de secours mutuels.

Aux termes du projet du Sénat, ces allocations seraient divisées en deux catégories, suivant qu'elles proviendraient des arrérages de dotations déjà constituées ou de crédits annuellement votés.

a. A partir de la promulgation de la nouvelle loi, les *arrérages* des dotations déjà constituées seraient employés par le ministre de l'Intérieur, après avis du conseil supérieur institué par la même loi, à accroître sous forme de subventions les versements effectués par les sociétés approuvées à leurs fonds de retraites déposés à la Caisse des dépôts et consignations ou les versements opérés par les membres de ces sociétés à la Caisse nationale des retraites sur livrets individuels à rente différée. La répartition de ces subventions entre les sociétés serait effectuée en tenant compte du nombre total des membres participants, du nombre d'entre eux qui seraient âgés de plus de 55 ans et de la quotité des versements. Les subventions pourraient, d'ailleurs, être suspendues, lorsque les sommes disponibles assureraient le service des retraites d'une société et que le taux des pensions atteindrait 360 francs par an.

b. Quant au montant des *crédits supplémentaires* votés annuellement, il devrait être employé, d'une part, à compléter, s'il y avait lieu, les sommes affectées aux subventions précitées et, d'autre part, à distribuer des secours aux sociétés approuvées que le grand nombre des malades mettrait dans l'impossibilité de remplir leurs engagements. Le ministre de l'Intérieur déterminerait chaque année, après avis du conseil supérieur, la somme qui serait attribuée sur ces crédits à l'une et à l'autre affectation.

La commission de la Chambre a remanié, en le précisant, le texte voté par le Sénat. Au lieu de diviser en deux catégories les ressources d'Etat allouées aux sociétés, elle les a réunies en une masse qui serait employée : 1° à favoriser la création de pensions de retraites à l'aide du fonds commun ou du livret individuel ; 2° à bonifier les pensions liquidées à partir du 1er janvier 1895 et dont le montant, y compris la subvention de l'Etat, ne serait pas supérieur à 360 francs. La commission a désiré, en outre, substituer à l'ancien mode de répartition, jugé arbitraire et parfois inique dans ses conséquences, un mode plus scientifique résultant de l'application, faite par le ministre compétent, de barêmes arrêtés chaque année après avis du conseil supérieur. Elle espère de la sorte laisser à l'autorité administrative plus de liberté dans le choix des règles à adopter et dès lors assurer plus de souplesse et, par suite, plus d'équité à la répartition. La commission n'a pas omis les sociétés qui, par suite d'épidémies ou de toute autre cause de force majeure, seraient momentanément hors d'état de remplir leurs engagements : elle a prévu en leur faveur des prélèvements à effectuer chaque année, préalablement à toute répartition, sur les dotations et subventions, mais elle a spécifié que le montant du prélèvement annuel serait déterminé par le conseil supérieur, et non plus par le ministre, et elle lui a assigné un maximum de 5 0/0 de la valeur totale des subventions.

La commission a enfin réglé les droits des étrangers : elle leur accorde les avantages dont jouissent nos nationaux en pays étranger; mais elle ne leur octroie le bénéfice des pensions constituées sur le fonds commun que s'ils résident en France.

Le projet renferme des sanctions en cas d'inexécution des statuts ou de violation de la loi: l'approbation pourra être retirée par décret rendu en Conseil d'Etat sur la proposition motivée du ministre de l'Intérieur et après avis du conseil supérieur; la décision portant retrait sera susceptible d'un recours sans frais devant le Conseil d'Etat.

La liquidation d'une société approuvée en cas de dissolution est l'objet de prescriptions détaillées, quelle que soit la cause de la dissolution. La liquidation est poursuivie sous la surveillance de l'autorité préfectorale : il est prélevé sur l'actif social, y compris le fonds commun inaliénable : 1° le montant des engagements contractés vis-à-vis des tiers ; 2° les sommes nécessaires pour remplir les engagements contractés vis-à-vis des membres participants; 3° des sommes égales au montant des subventions accordées depuis l'origine de la société par l'Etat, les départements et les communes à titre inaliénable, et au montant des dons et legs faits au même titre, pour être, suivant leur origine, versées au compte de la dotation des sociétés de secours mutuels, réintégrées dans les caisses départementales ou communales, ou employées conformément aux volontés des donateurs et testateurs, ou, à défaut d'intention exprimée par ceux-ci, ajoutées au compte de dotation des sociétés de secours mutuels; si, après le paiement des engagements contractés vis-à-vis des tiers et des sociétaires, il ne reste pas de fonds disponibles pour prélever les dernières sommes qui viennent d'être définies, le prélèvement doit en être effectué au marc le franc des versements faits respectivement par l'Etat, les départements, les communes, les particuliers. Le surplus de l'actif social est, s'il y a lieu, réparti entre les membres participants appartenant à la société au jour de sa dissolution et non pourvus d'une pension ou indemnité annuelle, au prorata des versements opérés par chacun d'eux depuis son entrée dans la société, sans qu'ils puissent recevoir une somme supérieure à leur contribution personnelle, le reliquat devant être attribué au fonds de dotation ; cette dernière disposition a été ajoutée par la commission de la Chambre au projet du Sénat, pour éviter que des membres d'une société soient tentés de limiter durant plusieurs années le nombre des admissions afin de réduire l'effectif des membres et, en provoquant une dissolution ultérieure, de s'attribuer le bénéfice de ressources qui ne seraient pas le fruit de leur propre épargne.

C.— Sociétés reconnues comme établissements d'utilité publique. — Le projet de loi prévoit que les sociétés de secours mutuels et les unions peuvent être reconnues comme établissements d'utilité publique par décret rendu dans la forme des règlements d'administration publique. Les sociétés reconnues jouissent des avantages accordés aux sociétés approuvées ; elles peuvent, en outre, posséder et acquérir, vendre et échanger des immeubles dans les conditions définies par le décret déclaratif d'utilité publique.

§ 3. — *Dispositions générales.*

L'application de la loi nouvelle comportera l'intervention d'un conseil, déjà mentionné au cours de cette étude sous le nom de conseil supérieur des sociétés de secours mutuels. Le projet, voté par la Chambre des députés en 1889, avait prévu l'institution de ce conseil auprès du ministre de l'Intérieur et lui avait attribué vingt-cinq membres : deux sénateurs, deux députés, deux conseillers d'Etat, élus par leurs collègues, deux délégués du ministre de l'Intérieur, un délégué du ministre de l'Agriculture et un délégué du ministre du Commerce, le directeur général de la comptabilité et celui du mouvement général des fonds au ministère des Finances, le directeur général de la Caisse des dépôts et consignations, enfin douze représentants des sociétés de secours mutuels ; le conseil élisait lui-même son président. Le texte de la commission du Sénat, présenté par M. Cuvinot, portait le nombre des membres du conseil de vingt-cinq à vingt-neuf par l'addition de deux membres de l'Académie de médecine et de deux actuaires. Le Sénat attribua, en outre, au ministre de l'Intérieur la présidence de droit du conseil, qui élirait son vice-président.

La commission de la Chambre propose de porter à deux le nombre des vice-présidents, de remplacer un des délégués du ministre de l'Intérieur par un membre de l'Académie des sciences morales et politiques désigné par ses collègues, et de spécifier que les deux actuaires seront pris parmi les membres agrégés de l'Institut des actuaires français. A l'exemple de la Chambre en 1889 et du Sénat en 1892, elle spécifie que, sur les douze représentants des sociétés de secours mutuels, deux appartiendront aux sociétés libres, et elle laisse à un règlement d'administration publique le soin de déterminer les formes de l'élection de ces représentants ; mais, afin d'assurer des choix plus éclairés, elle prévoit que les élections se feront, au scrutin uninominal, par collèges comprenant un certain nombre de départements et définis par le règlement d'administration publique.

En dehors du rapport annuel dont il exige la production par le ministre de l'Intérieur, le projet prescrit que, dans un délai de deux ans après la promulgation de la nouvelle loi, les ministres de l'Intérieur et du Commerce feront dresser des tables de mortalité et de morbidité applicables aux sociétés de secours mutuels. Le décret du 26 mars 1852, dans son article 7, vise des tables de maladie et de mortalité confectionnées et approuvées par le Gouvernement. Il ne semble pas que cette disposition ait été suivie d'effet. Faute de table de mortalité des mutualistes, on peut se servir à titre provisoire de la table de la Caisse nationale des retraites, dressée pour des rentiers dont la mortalité ne saurait différer notablement de la mortalité moyenne des membres participants des sociétés de secours mutuels. Quant aux tables de morbidité, il n'existe en France que celle d'Hubbard qui remonte à 1852 (1). Les pouvoirs publics n'ont pas attendu, d'ailleurs, le vote du projet de loi pour chercher à combler cette lacune : le ministre du Commerce a saisi de la question le conseil supérieur de statistique dans sa session de juin-juillet 1890 : la commission de comptabilité des sociétés de secours mutuels l'a également étudiée, et elle a fait dresser, suivant les indications de MM. Cheysson, Bertillon et L. Fontaine, un questionnaire destiné à rassembler, avec le concours des sociétés de secours mutuels, les éléments, nécessaires à la confection de ces tables. L'article du projet de loi français qui vise les tables de mortalité et de morbidité a, du reste, son équivalent dans l'article 34 de la loi belge du 23 juin 1894 qui

(1) Voir pour plus de détails sur cette question : CHEYSSON, *Les Lacunes de la statistique et les lois sociales* ; MAURICE BELLOM, *La Statistique de l'invalidité et de la morbidité en Allemagne, en Autriche et en Suisse.*

prescrit au Gouvernement de faire dresser des « tables de risques » par les sociétés mutualistes.

Tel est l'état actuel de la législation des sociétés de secours mutuels devant le Parlement français.

Dans un récent article (1), M. Léon Say, après avoir rendu un légitime hommage aux travaux de M. Audiffred, appréciait en ces termes le projet de loi actuellement soumis à la Chambre des députés : « Peut-être ne trouvera-t-on pas la loi projetée parfaite, peut-être dira-t-on qu'elle est trop scientifique ou qu'elle ne l'est pas assez, pour parler à la mode du jour ; mais il n'est pas douteux qu'elle ne constitue une très bonne transaction, très acceptable pour tout le monde, pour le Sénat, pour la Chambre des députés et pour les mutualistes, et qu'elle a au moins le suprême mérite, ou, si l'on veut, le suprême bonheur, de nous permettre d'aboutir. »

C'est à ce dernier vœu que doivent s'associer tous ceux qui comprennent et défendent les véritables intérêts de la mutualité.

(1) *Journal des Débats* du matin du 2 mars 1895.

MAURICE BELLOM,
Ingénieur des mines.

Sommaire du N° 7

I. QUATORZE MOIS DE LEGISLATURE, par M. **E. Spuller**, *sénateur, ancien ministre.*
II. LA REFORME SUCCESSORALE DEVANT LA CHAMBRE, par M. **Boudenoot**, *député.*
III. DE L,IMPOT SUR LE REVENU, par M. E. **Worms.**
VI. LA LIMITE D'AGE DES OFFICIERS DE L'ARMEE DE TERRE, par **M***.**
V. L'ORGANISATION DU TRAVAIL PARLEMENTAIRE DANS LE REICHSTAG ALLEMAND, par M. **H. Pachnicke**, *Membre du Reichstag.*
VI. LA QUESTION DES BEURRES, par M. **Charles Roux**, *député.*
VII. L'INSTITUTION DES SOUS-SECRETARIATS D'ETAT, par M. **Du Vivier de Streel.**
VIII. MUTATIONS ET DEGREVEMENTS, par M. **Salefranque.**
IX. VARIETES : Les Assemblées de la Révolution : La Constituante, par M. **Bosq.**
X. CORRESPONDANCE : La Russie au moment de la mort d'Alexandre III.
XI. LA VIE POLITIQUE ET PARLEMENTAIRE A L'ETRANGER :
1. Allemagne, par M. **le Dr C. Montanus.**
2. Autriche, par M. **le Dr G. Kohn.**
3. Danemark, par M. **Wm. Carstensen**, *Sénateur.*
XII. LA VIE POLITIQUE ET PARLEMENTAIRE EN FRANCE, par M. **F. Roussel.**
XIII. LOIS, DECRETS ET ETATS DES TRAVAUX PARLEMENTAIRES.
XIV. CHRONOLOGIE POLITIQUE ETRANGERE ET FRANÇAISE.

Sommaire du N° 9

I. LA STATISTIQUE ET LA DEMOCRATIE, par M. **Fernand Faure**, *ancien député, professeur à la Faculté de droit de Paris.*
II. LE CONGRES INTERNATIONAL DES ACCIDENTS, A MILAN, ET LA GARANTIE OBLIGATOIRE DE L'INDEMNITE, par M. **E. Cheysson**, *Inspecteur général des Ponts-et-Chaussées, professeur à l'École des sciences politiques.*
III. UNE LOI D'EXCEPTION EN MATIERE COMMUNALE EN HOLLANDE, par M. **W.-H. de Beaufort**, *Membre du Parlement hollandais.*
IV. LES SOCIETES COOPERATIVES ET LE PROJET DE LOI PRESENTE AU SENAT, par M. **Hubert-Valleroux.**
V. L'EXERCICE DE LA MEDECINE VETERINAIRE ET LE PROJET DE LOI DU GOUVERNEMENT, par M. **M. Hauriou**, *Professeur à la Faculté de droit de Toulouse.*
VI. TAXATION ET BIENFAISANCE :
1. Les libéralités aux établissements publics devant la loi fiscale, par M. **L. Salefranque.**
2° Quelques mots sur les Sociétés de bienfaisance reconnues d'utilité publique, par M. **Ferdinand Dreyfus**, *Vice-Président du Comité central des œuvres du travail.*
VII. DES RECOUVREMENTS SUR CONTRIBUTIONS DIRECTES ET DES POURSUITES, par M. **Jean Darcy.**
VIII. LE SERVICE MILITAIRE AUX COLONIES, par M. **A. Girault**, *chargé de cours à la Faculté de droit de Poitiers.*
IX. LES COMPAGNIES DE CHEMINS DE FER ET LES DROITS DE L'ETAT, par M. **G. Bailleu.**
X. CORRESPONDANCE : Lettre au directeur a propos de l'article sur l'influence de l'émigration des campagnes sur la natalité française, par M. **E. Levasseur**, *Membre de l'Institut.*
XI. VARIETES : 1. Les rapports de la Russie et de la Bulgarie, par M. **Millé.**
2. Le legs Zappa (Conflit gréco-roumain), par M. **Typaldo Bassia**, *Professeur de droit à l'Université d'Athènes.*
3. Souvenirs sur Stambouloff, par M. **Ed. Séligmann.**
4. La réforme du Notariat, a propos d'un livre nouveau, par M. **J. Charmont**, *Professeur à la Faculté de Droit de Montpellier.*
XII. LA VIE POLITIQUE ET PARLEMENTAIRE A L'ETRANGER :
1° Grèce, par M. **Philaretos**, *ancien ministre.*
2° Pays-Bas, par M. **Macalester Loup**, *rédacteur* au Het Vaterland.
XIII. LA VIE POLITIQUE ET PARLEMENTAIRE EN FRANCE, par M. **Félix Roussel.**
XIV. LOIS, DECRETS ET ETAT DES TRAVAUX LEGISLATIFS.
XV. CHRONOLOGIE POLITIQUE FRANÇAISE ET ETRANGERE.
XVI. BIBLIOGRAPHIE.

ARMAND COLIN & Cie, éditeurs.
5, rue de Mézières, 5

Revue Politique et Parlementaire

Questions Politiques, Sociales et Législatives

Directeur : Marcel FOURNIER
AGRÉGÉ DES FACULTÉS DE DROIT, LAURÉAT DE L'INSTITUT

Secrétaires de la Rédaction :

M. FÉLIX ROUSSEL
Docteur en droit,
Avocat à la Cour de Paris.

M. DU VIVIER DE STREEL
Avocat, ancien élève
de l'École des Sciences politiques.

Abonnement : Un an, **20** fr. — Étranger et colonies, **25 fr.**

La **Revue Politique et Parlementaire** *paraît le 5 de chaque mois par fascicules de* 160 *à* 200 *pages in-8°.*

Sommaire du n° 13

Paris — Typ. A. DAVY, 52, rue Madame. — Téléphone.

www.ingramcontent.com/pod-product-compliance
Ingram Content Group UK Ltd.
Pitfield, Milton Keynes, MK11 3LW, UK
UKHW020519230726
13925UKWH00005B/2194

9 782014 07647